MÉTHODE MODERNE DE PIANO
JOHN THOMPSON

T0087301

Version française
par
YOLANDE et ROLAND DOMPIERRE
HULL, CANADA

NOS TOUT-PETITS AU PIANO

AUX PARENTS

Voici son premier livre de piano. Puisqu'il s'agit de votre enfant, vous désirez sûrement qu'il progresse. Vous obtiendrez facilement ce résultat si, de concert avec le professeur, vous suscitez à chaque leçon intérêt et enthousiasme.

Lorsque l'enfant a appris à jouer un morceau, il pourra colorier avec ses crayons de couleur l'image qui l'accompagne. Des paroles ont été ajoutées à ces mélodies afin d'aider l'élève à mieux comprendre le sentiment exprimé. Lisez-les, expliquez-en le sens à l'enfant. Ces mélodies ont été choisies avec grand soin; elles sont tellement simples que l'élève peut les jouer facilement de ses petits doigts. Aidez-lui à jouer exactement en mesure. Même si vous ne jouez pas du piano, vous y prendrez plaisir. *Essayez !*

DUO DE PIANO POUR PARENTS ET ENFANT :

Nous invitons les parents qui jouent du piano, même s'ils ne sont pas de très habiles pianistes, à examiner le livre supplémentaire intitulé : "Teaching Little Fingers to Play Ensemble". Ils y trouveront les accompagnements en duo qui harmonisent chacune des petites mélodies contenues dans le livre : « NOS TOUT-PETITS AU PIANO ». S'ils utilisent ce livre, les parents ou le professeur peuvent jouer des duos avec l'enfant, et ceci dès les premières leçons. L'étude du piano devient alors très attrayante pour lui puisqu'il joue avec quelqu'un au lieu de travailler seul. Cette façon de procéder est un moyen agréable de jouir de la musique chez soi. Par surcroît, on développe ainsi chez l'enfant une grande exactitude rythmique tout en tenant son esprit en alerte.

Les psychologues affirment que l'enfant laissé à lui-même, risque de trouver fastidieuse l'étude du piano. Ce danger disparaît quand on utilise le livre : "Teaching Little Fingers to Play Ensemble".

Demandez au professeur ou au marchand de musique le livre intitulé : "Teaching Little Fingers to Play Ensemble".

WILLIS MUSIC

EXCLUSIVELY DISTRIBUTED BY

HAL•LEONARD®
CORPORATION
7777 W. BLUEMOUND RD. P.O. BOX 13819
MILWAUKEE, WISCONSIN 53213

AU PROFESSEUR

COMMENT PRÉSENTER AUX ENFANTS LES TROIS PREMIÈRES LEÇONS DE CE LIVRE

Quand l'enfant peut placer ses petits doigts sur le clavier du piano et jouer un air dès les premières minutes de sa première leçon, il découvre qu'apprendre le piano est aussi facile qu'un de ses jeux préférés. De là, l'opportunité de mettre à profit son don d'imitation. Ce livre a été conçu de façon à combiner les avantages de l'étude du piano « par imitation » (ce qui est plus agréable pour l'élève) et de l'étude du piano PAR PRINCIPES.

En suivant fidèlement les directives données ici, l'élève pourra jouer du piano dès sa *première leçon*.
A la *quatrième leçon*, il sera capable de lire la note ou de jouer PAR PRINCIPES.

PREMIÈRE LEÇON

Les exemples musicaux des trois premières leçons doivent être enseignés entièrement par imitation. Le but est de montrer les sortes de touches seulement. Les notes s'apprendront plus tard.

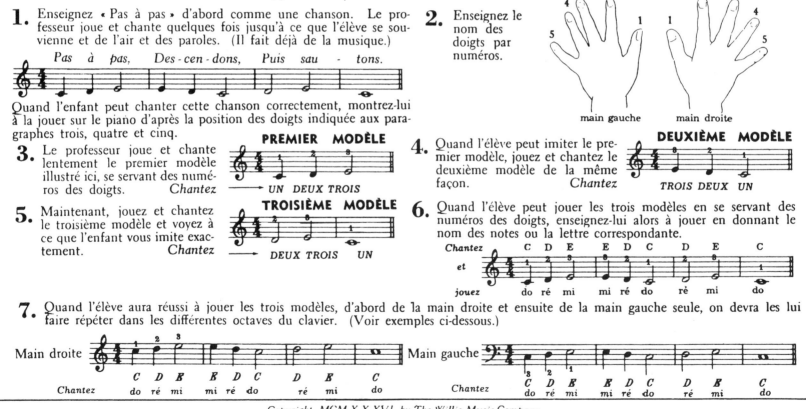

1. Enseignez « Pas à pas » d'abord comme une chanson. Le professeur joue et chante quelques fois jusqu'à ce que l'élève se souvienne et de l'air et des paroles. (Il fait déjà de la musique.)

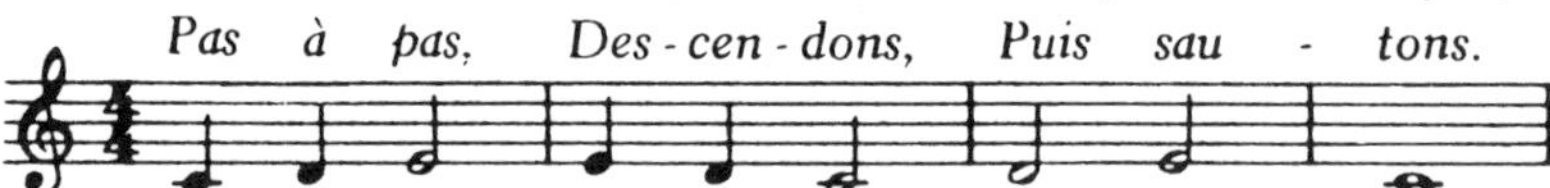
Pas à pas, Des-cen-dons, Puis sau - tons.

Quand l'enfant peut chanter cette chanson correctement, montrez-lui à la jouer sur le piano d'après la position des doigts indiquée aux paragraphes trois, quatre et cinq.

2. Enseignez le nom des doigts par numéros.

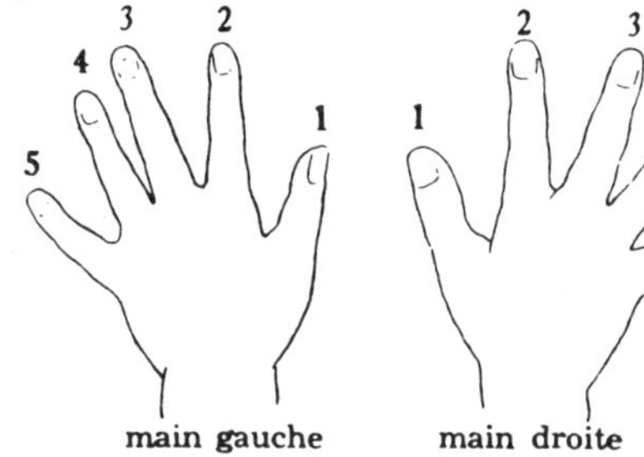
3 2 4 1 5
2 3 1 4 5
main gauche
main droite

3. Le professeur joue et chante lentement le premier modèle illustré ici, se servant des numéros des doigts. *Chantez*

PREMIER MODÈLE
1 2 3
UN DEUX TROIS

4. Quand l'élève peut imiter le premier modèle, jouez et chantez le deuxième modèle de la même façon. *Chantez*

DEUXIÈME MODÈLE
3 2 1
TROIS DEUX UN

5. Maintenant, jouez et chantez le troisième modèle et voyez à ce que l'enfant vous imite exactement. *Chantez*

TROISIÈME MODÈLE
2 3 1
DEUX TROIS UN

6. Quand l'élève peut jouer les trois modèles en se servant des numéros des doigts, enseignez-lui alors à jouer en donnant le nom des notes ou la lettre correspondante.

Chantez et jouez
C D E E D C D E C
do ré mi mi ré do ré mi do

7. Quand l'élève aura réussi à jouer les trois modèles, d'abord de la main droite et ensuite de la main gauche seule, on devra les lui faire répéter dans les différentes octaves du clavier. (Voir exemples ci-dessous.)

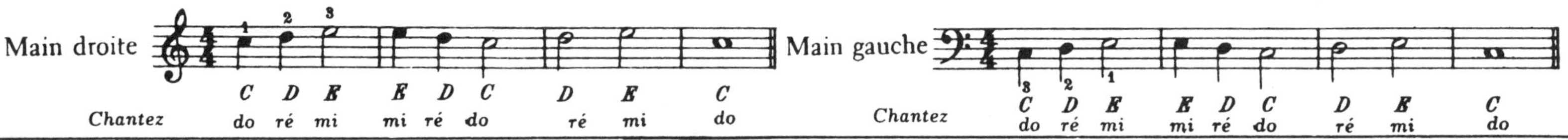
Main droite
C D E E D C D E C
Chantez do ré mi mi ré do ré mi do
Main gauche
C D E E D C D E C
Chantez do ré mi mi ré do ré mi do

Au professeur *(suite)*

L'élève a chanté et joué un air en moins de temps qu'il en a fallu pour l'expliquer. Il a joué avec les mains gauche et droite et a, de plus, exercé également les trois premiers doigts de chaque main.

L'ÉLÈVE A APPRIS À RECONNAÎTRE ET À JOUER TROIS NOTES DU CLAVIER

LA LEÇON DE THÉORIE

La première leçon est très simple. L'élève apprend à reconnaître les clefs de « Sol » et de « Fa », les barres de mesure et les mesures. (Voir illustrations de la page 5). Les professeurs ont ordinairement leurs propres méthodes pour enseigner ces premiers éléments. Les exemples donnés ici ne sont que des suggestions. Le succès dépend de vous.

DEUXIÈME LEÇON

la si do do si la si do la
A B C C B A B C A

Procédez exactement comme pour la première leçon. Premièrement comme une chanson, ensuite d'après la position des doigts. (L'élève chante son doigté.) Enfin, en donnant le nom des notes.

Quand l'élève aura joué cet exemple des deux mains séparément et dans toutes les octaves, réunissez les deux groupes tels qu'illustrés ci-après :

Groupe 2 - Main droite
Chantez
la si do do si la si do la
A B C C B A B C A
C D E E D C D E C
do ré mi mi ré do ré mi do
Groupe 1 - Main gauche

L'élève a maintenant appris cinq notes du clavier : la, si do, ré, mi. (A, B, C, D, E.) Il peut chanter et jouer des deux mains un air de huit mesures.

LA LEÇON DE THÉORIE

Dans cette deuxième leçon, on enseigne à l'élève à reconnaître les noires, les blanches et les rondes et à savoir la valeur de chacune. (Afin d'éviter les fractions, on emploiera la noire comme unité de temps et non la ronde. « Une noire, un temps », se comprend mieux que le calcul de la ronde divisée en quatre parties égales.)

TROISIÈME LEÇON

Enseignez les noms des trois autres notes : mi, fa, sol (E, F, G), en présentant « Pas à pas » sur ces nouvelles notes comme vous l'avez fait pour les autres leçons. Quand l'exemple peut être joué indifféremment des deux mains et dans toutes les octaves, réunissez les groupes 3 et 1 tels qu'illustrés ci-après :

Groupe 3 - Main droite
do ré mi mi ré do ré mi do
E F G G F E F G E
mi fa sol sol fa mi fa sol mi
C D E E D C D E C
Groupe 1 - Main gauche

L'élève apprendra maintenant la signification des chiffres indicateurs de la mesure dans la leçon de théorie (page 7). Il s'exercera aussi à tracer des barres de mesure. Il a appris le nom des sept touches blanches : do, ré, mi, fa, sol, la, si (A, B, C, D, E, F, G). Il a fait de la musique pendant trois leçons et a acquis des connaissances suffisantes en théorie pour lui permettre de lire sans l'aide du professeur. Ainsi l'enseignement « par imitation » fut un moyen pour atteindre une fin.

N.B. — *Après la troisième leçon, la matière à assimiler devra être proportionnée à la capacité de chaque élève.*

TABLE DES MATIÈRES

A chaque leçon, quelque chose de nouveau.

Le professeur qui désire pousser plus loin l'avancement de l'élève pourra utiliser à bon escient « L'Abécédaire de Notation » (John Thompson's Note Speller) qui permet à l'élève d'écrire des barres de mesure, des armures, etc ...

PREMIÈRE LEÇON AU CLAVIER

Étude des notes: Do, ré, mi

Les touches noires du clavier se répartissent par groupes de deux et de trois. Au centre du piano (là où apparaît ordinairement le nom du fabricant) et à la gauche des deux touches noires, se trouve le « do » moyen.

Trouvez et jouez le « do » moyen avec le premier doigt (pouce) de votre main droite.

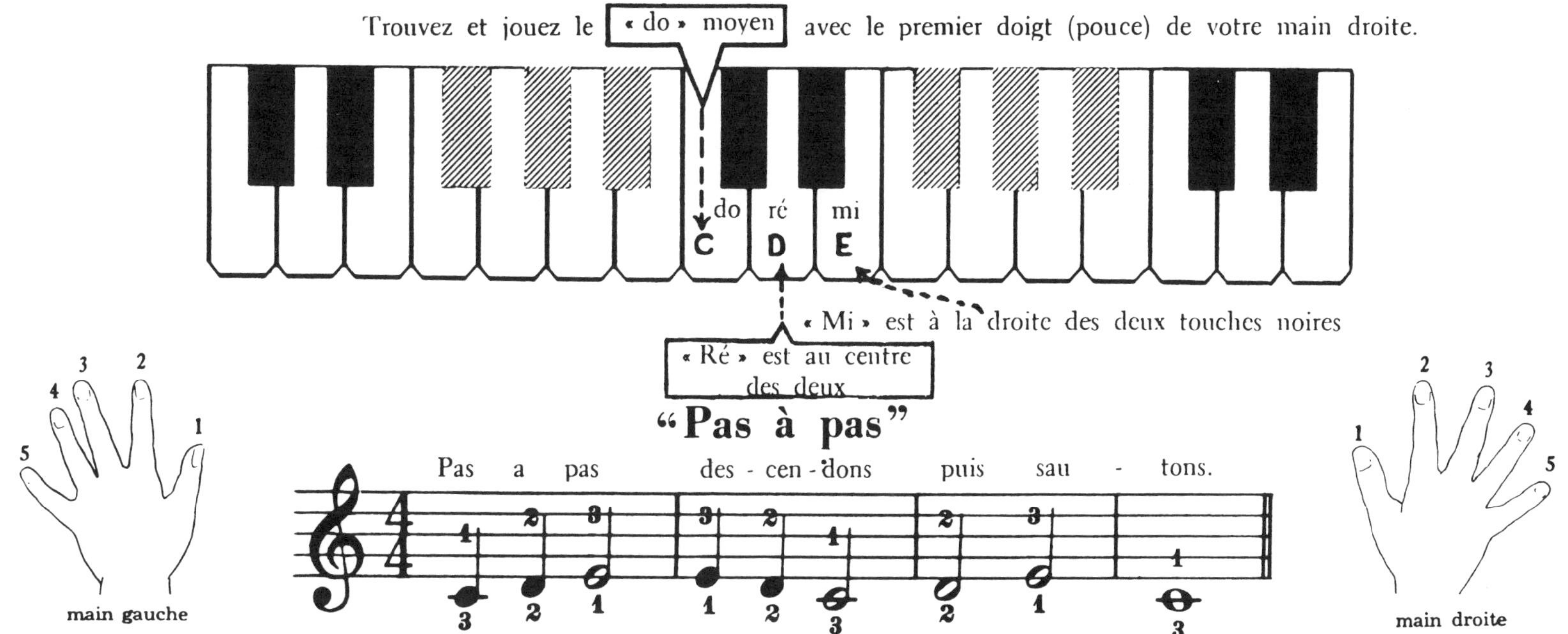
« do » moyen
do ré mi
C D E
« Mi » est à la droite des deux touches noires
« Ré » est au centre des deux
"Pas à pas"
Pas a pas des - cen - dons puis sau - tons.
main gauche
main droite

(1) Apprenez « Pas à pas » d'abord comme une chanson. (2) Jouez et chantez les mots. (3) Jouez en chantant le nom des notes. (4) Jouez « Pas à pas » de chaque main séparément et dans différentes octaves.

PREMIÈRE LEÇON DE THÉORIE

L'étude de la double portée, des clefs, des barres de mesure et des mesures.

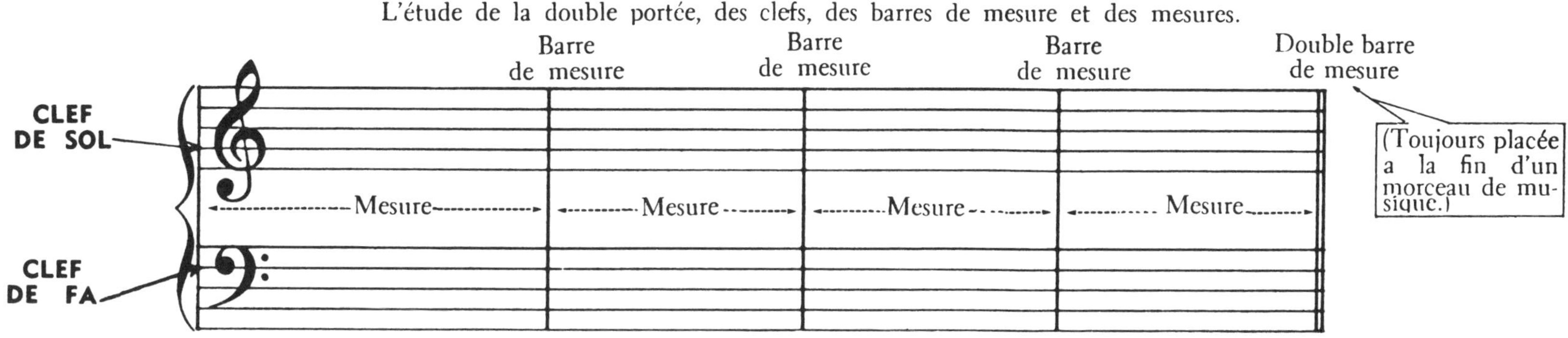
Barre de mesure
Barre de mesure
Barre de mesure
Double barre de mesure
CLEF DE SOL
CLEF DE FA
Mesure
Mesure
Mesure
Mesure
(Toujours placée a la fin d'un morceau de musique.)

DEUXIÈME LECON AU CLAVIER

Deux nouvelles notes: La, si - *Jouez* la, si, do

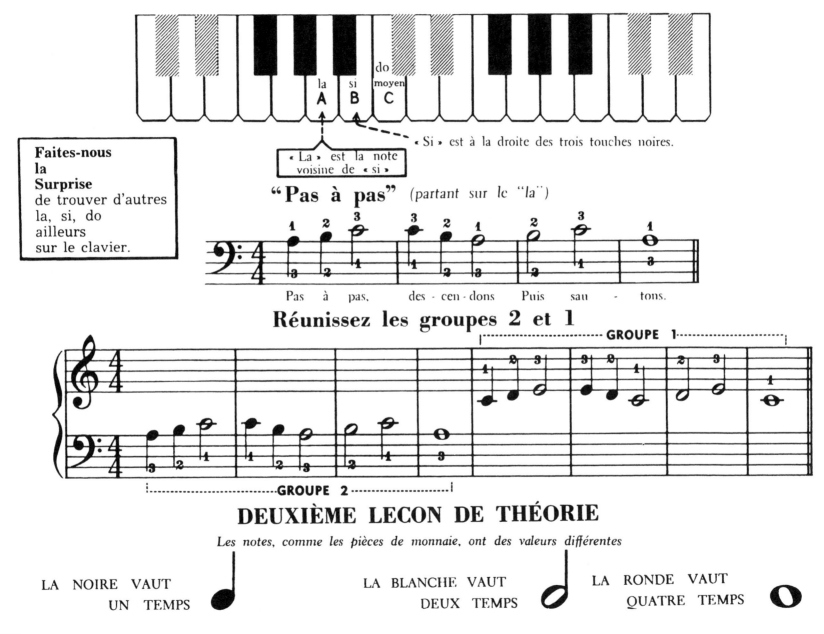

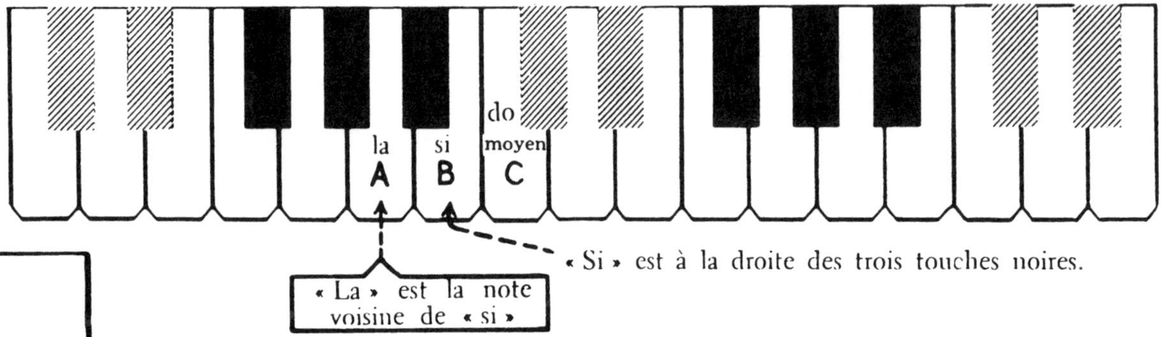

do
la
A
si
B
moyen
C
« Si » est à la droite des trois touches noires.
« La » est la note voisine de « si »

Faites-nous la Surprise de trouver d'autres la, si, do ailleurs sur le clavier.

"Pas à pas" *(partant sur le "la")*

1 2 3 3 2 1 2 3 1
3 2 1 1 2 3 2 1 3
Pas à pas, des - cen - dons Puis sau - tons.

Réunissez les groupes 2 et 1

GROUPE 1
1 2 3 3 2 1 2 3 1
3 2 1 1 2 3 2 1 3
GROUPE 2

DEUXIÈME LECON DE THÉORIE

Les notes, comme les pièces de monnaie, ont des valeurs différentes

LA NOIRE VAUT UN TEMPS

LA BLANCHE VAUT DEUX TEMPS

LA RONDE VAUT QUATRE TEMPS 

TROISIÈME LEÇON AU CLAVIER

Deux nouvelles notes : Fa, sol - *Jouez* mi, fa, sol.

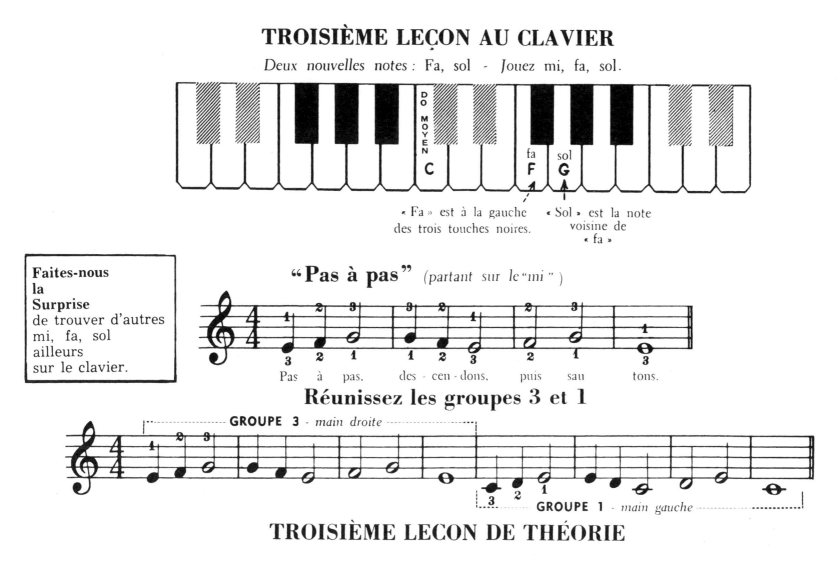

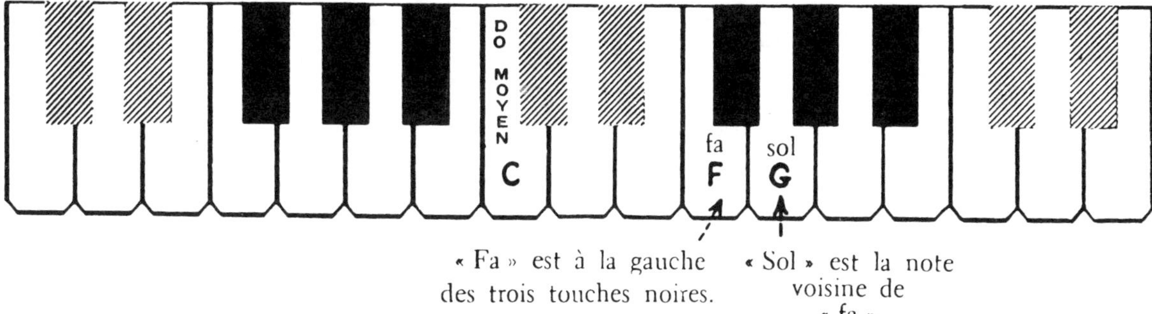
DO MOYEN
C
fa
F
sol
G
« Fa » est à la gauche des trois touches noires.
« Sol » est la note voisine de « fa »

Faites-nous la Surprise de trouver d'autres mi, fa, sol ailleurs sur le clavier.

"Pas à pas" (*partant sur le "mi"*)

Pas à pas, des - cen - dons, puis sau tons.

Réunissez les groupes 3 et 1

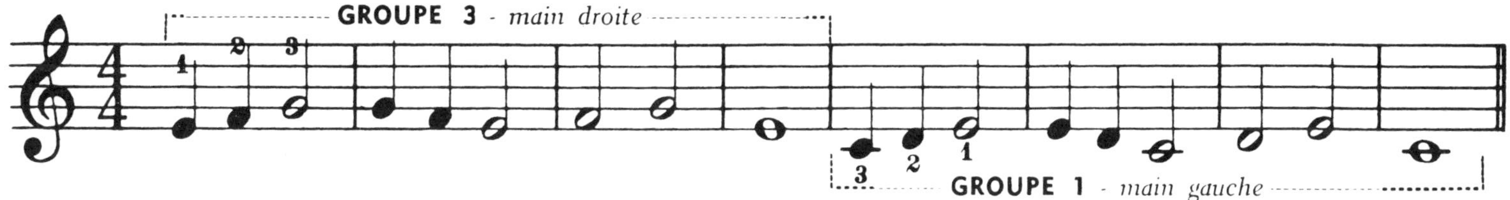
GROUPE 3 - main droite
GROUPE 1 - main gauche

TROISIÈME LECON DE THÉORIE

Les chiffres indicateurs de la mesure se placent au commencement du morceau de musique immédiatement après l'armure de la clef et nous indiquent le temps.

Le chiffre du haut indique qu'il y a deux temps par mesure.
Le chiffre du bas indique que chaque noire vaut un temps.
Comptez: 1 2 1 2
Trois temps par mesure.
La noire vaut un temps.
Comptez: 1 2 3 1 2 3
Quatre temps par mesure.
La noire vaut un temps.
Comptez: 1 2 3 4 1 2 3 4 1234

W. M. Co. 8234

DO MOYEN
re mi
C D E
Groupe de la main droite
1 2 3
C D E
do ré mi
Trouvez do, ré, mi, ailleurs sur le clavier
Temps fort
Temps faible
Prends nos fleurs, nos pré - sents.
C'est ta fê - te, mon Jean.

Fête enfantine

DO MOYEN
la si
A B C
Groupe de la main gauche
Trouvez la, si, do, ailleurs sur le clavier
A B C
la si do
Vieux "Sept-Heures"
Vieux « Sept heur's » est i ci !
Fais do - do, ma ché - rie.

la si DO MOYEN re mi
A B C D E
Groupe de la main gauche
Groupe de la main droite
1 2 3
3 2 1
Au bâton
At - ten - tion ! Au bâ - ton !
C'est ton tour, frap - pe - donc !

Jouez le « do » moyen de la main droite quand sa tige est en haut.
Jouez le « do » moyen de la main gauche quand sa tige est en bas.

DO MOYEN
sol la si re mi fa
G A B C D E F
LA BLANCHE POINTÉE
(Vaut trois temps)
Tenez trois temps (1, 2, 3)
Le point, après une note, augmente la valeur de cette note de la moitié de sa durée primitive.
Groupe de la main gauche
Groupe de la main droite
Le facteur
Fort Faible Faible
Le chiffre du haut indique qu'il y a trois temps par mesure.
Le chiffre du bas indique que chaque noire vaut un temps.
Dans la mesure 3/4 le premier temps est fort, le deuxième et le troisième sont faibles.
Oui, le fac - teur A bien du cœur
Pluie et beau temps, il est tou - jours con - tent.
Blais

sol la si DO MOYEN re mi fa
G A B C D E F
Indiquez vous-même le groupe de la main droite et le groupe de la main gauche.
La pluie
4 temps par mesure.
Une noire vaut 1 temps.
N'Oubliez pas d'accentuer le premier temps de chaque mesure 4/4
J'en-tends la pluie Qui fait grand bruit Près de ma fe - nê - tre.
Gout - te - let - tes, Gout - te - let - tes, Tom-bez sur ma tê - te.

G.+D.H

Chant russe

LA BLANCHE POINTÉE 𝅗𝅥. DANS UNE MESURE A QUATRE TEMPS

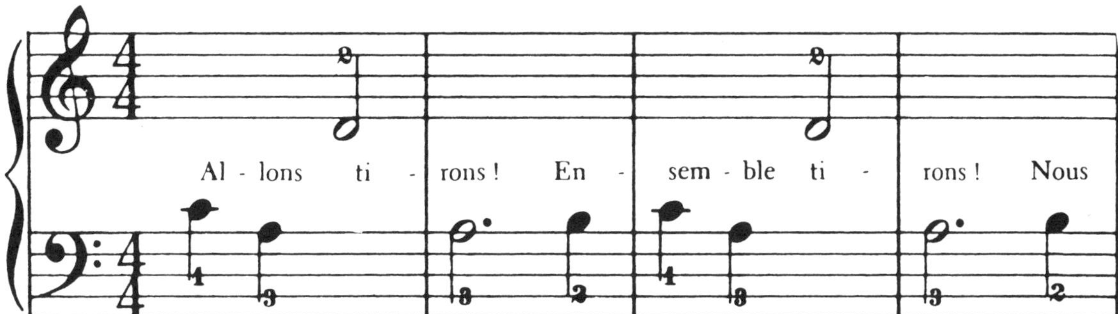
Al - lons ti - rons ! En - sem - ble ti - rons ! Nous

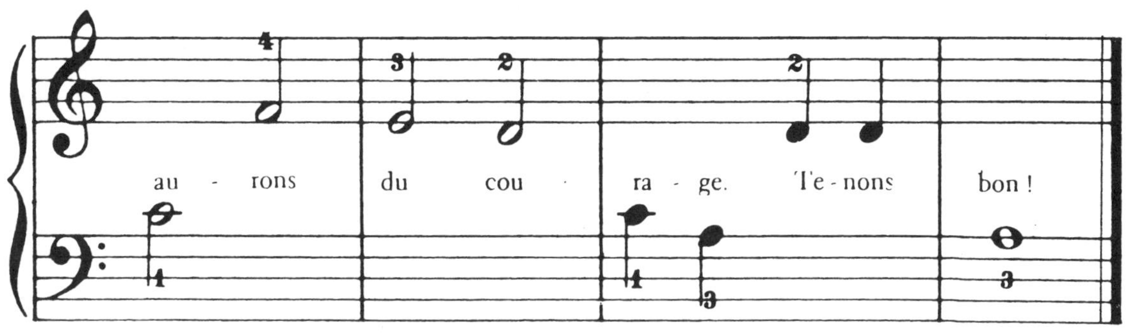
au - rons du cou - ra - ge. Te - nons bon !

LA musique s'écrit ordinairement en majeur pour les thèmes gais et en mineur pour les thèmes tristes. Cette chanson du folklore russe est un exemple de thème triste (mineur).

Il y a longtemps, bien avant l'invention des bateaux à vapeur les paysans qui demeuraient sur les bords de la Volga, devaient tirer d'un village à l'autre, le long de la rivière, les bateaux et les chalands lourdement chargés.

La marche pénible de ces pauvres condamnés était terrible. Pour se donner du courage et pour alléger leur fardeau, ils chantaient ces tristes refrains au rythme de leur marche.

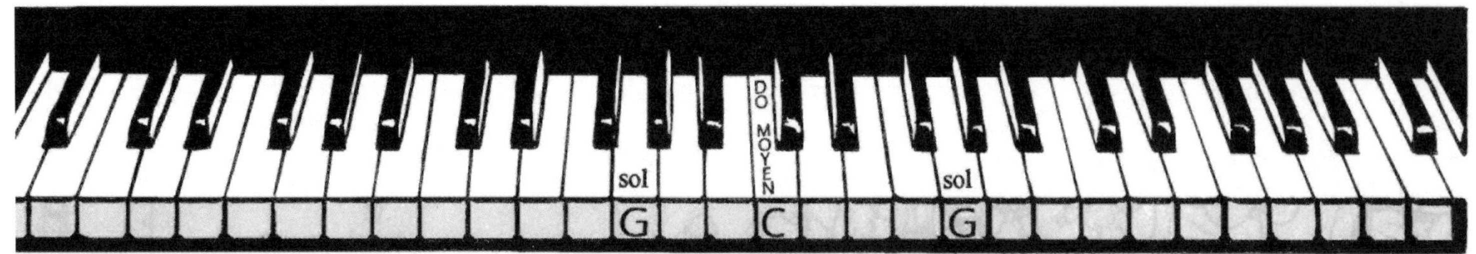
DO MOYEN
sol
G
C
sol
G

A ma Mie

Groupe de la M. G.
Groupe de la M. D.

Les groupes de notes racontent des histoires comme les mots dans le langage. Il s'agit de les ponctuer et de les placer dans une phrase. Une ligne courbe au-dessus d'un groupe de notes indique une phrase musicale.

NOTES RÉPÉTÉES

Un message

Folklore anglais

Toc, Toc, Toc, Toc, j'ai dans ma main, Un bil-let doux, pour toi, ma mie,
Toc, Toc, Toc, Toc, gar-de le, bien Pour tou-te la vie, dis !

DO MOYEN
fa
sol
F
C
G
Groupe de la M. G
Groupe de la M. D.
Le carillon
Ding, dong, ding, dong, Le ca - ril - lon; L'heu - re qui sonne
É - cou - tez donc !
Dong ! Dong ! Dong ! Dong !

Bon saint Wenceslas

Il y a bien des siècles, cet air très ancien était un Noël des plus populaires. Tout en demandant l'aumône, les chanteurs de rue répétaient ce cantique. Il raconte la légende de saint Wenceslas qui fut roi de Bohème au Xe siècle. Le jour de la fête de saint Etienne (le 26 décembre) ce bon roi se mêlait aux pauvres et leur faisait de généreux dons.

Un Noël anglais

« Vo - yez, bon saint Wen - ces - las, Grande est ma mi - sè - re ! »
« Pauvr' en - fant, ne pleu - re pas… Je se - rai ton pè - re. »

Les SILENCES en musique sont des signes qui indiquent l'interruption du son. Ils nous disent quand et pendant combien de temps nos doigts doivent demeurer silencieux.
Signes de silencé
SOUPIR
DEMI-PAUSE
PAUSE
Notes équivalentes
Les temps (Comptez)
1
1, 2
1, 2, 3, 4
Lève-toi
Quand te lè - ve - ras - tu Li li? Veux-
tu, veux - tu, vite lè - ve - toi!
Quand te lè - ve - ras - tu Li - li Pour jou - er a - vec moi? Dis?

Lisez et nommez les quatre notes au-dessus et les trois notes en-dessous du « do » moyen. Comptez en jouant.

sol
DO MOYEN
sol
do
G
C
G
C
Groupe de la M. G.
Groupe de la M. D.
M. G. croise M. D.
Cheval de bois
Un, deux, trois, Un, deux, trois, Che - val de bois.
Mar - che donc! Mar che donc! Et ga - lo - pons!
M G
M. G. croisée
G. + D. H

La croche vaut la moitié d'une noire.
Jouez deux croches pour un temps.
Vers la lune
Folklore américain
(Adapté)
Al - lons dans la lu - ne, fi - lons... fi - lons...
Lé - gers com - me plum', en a - vi - on.

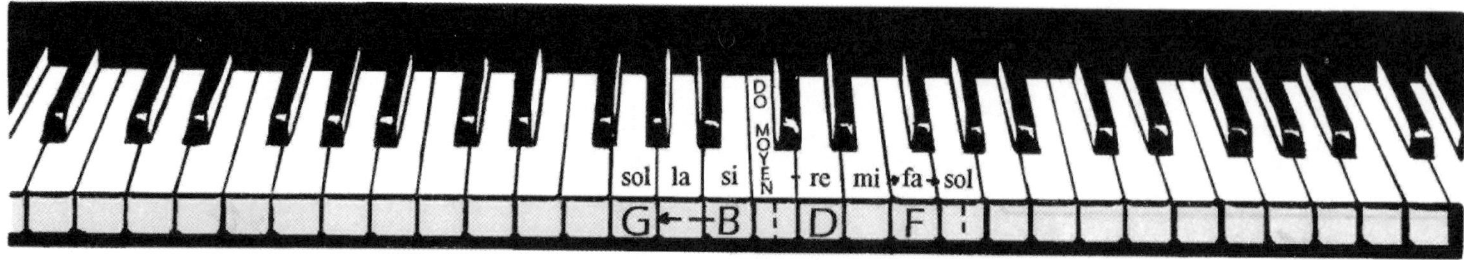
DO MOYEN
sol la si re mi fa sol
G B D F

Groupe de la M. G — *Passons une touche blanche*

Groupe de la M. D. — *Passons deux touches blanches*

"PAPA HAYDN" était le nom que Mozart avait affectueusement donné à ce grand musicien. Haydn avait hérité de son père, son caractère et son génie. En effet, Matthias Haydn était un homme gai et laborieux. Il demeurait à Rohrau, un petit village autrichien, où il avait établi sa boutique de roues. Il possédait une belle voix de ténor et il était sacristain en même temps qu'organiste à l'église du village. Sa femme faisait partie de la chorale. Le jeune Joseph avait onze frères et sœurs. A l'âge de cinq ans, on le conduisit à un village voisin pour y apprendre la musique. Son espièglerie lui fit commettre bien des méfaits et un soir d'orage, à la suite d'une escapade, il fut mis à la porte, sans abri. Le lendemain matin, il se réfugia chez un ami, perruquier et barbier qui lui céda son grenier. Là, sur un clavecin délabré, pendant que la neige soufflait à travers les fentes du toit, Joseph travaillait et étudiait. Par les nuits étoilées, il se promenait avec ses amis dans les rues de Vienne chantant les grands musiciens de l'époque. Après des années de dur labeur, il écrivit quelques-unes des plus belles pages de la Musique.

Air

(De la symphonie "Surprise")

Nous nous sou-vien - drons long-temps, Grand mu - si - cien d'au - tre - fois,

De cet air con - nu de toi, Qui plait aux pe - tits, aux grands.

sol
do
sol
DO MOYEN
sol
G
C
G
C
G
M. D.
2e groupe de la M. G
1er groupe de la M. G.
PREPARATION DE LA LEÇON
Trouvez, nommez et jouez les trois « sol ».
Trouvez, nommez et jouez les deux « do ».
Jouez et nommez le premier groupe de la main gauche, puis le second groupe de la main gauche et le groupe de la main droite.
Près de l'étang
« Coâ », « coâ », « coâ » ! les gre - nouil - les font.
« Couin », « couin », « couin » ! crient les ca - ne tons.

DO MOYEN
C
F #
F
Groupe de la M. G.
Groupe de la M. D.
Remarquez la touche noire
Quand tu pous - ses ton ba - teau du cô - té de l'é - tang, Jean,
Tu veux ê - tre ma - te - lot et vo - va - ger long - temps !

Ce signe # s'appelle dièse. Dans ce morceau, vous le verrez dans la première et la cinquième mesure devant la note « fa ». Il signifie que l'on doit jouer la touche noire à la droite de « fa » au lieu de la touche blanche « fa ».

Faites-nous la Surprise de trouver d'autres fa # sur les touches noires du piano.

Ton petit bateau

En traîneau
Quand le signe du # est placé entre le signe de la clef et les chiffres indicateurs de la mesure, il forme l'armure de la clef. Dans ce morceau, tous les « fa » doivent être diésés, c'est-à-dire joués sur la touche noire « fa dièse.
Vi - ve, vi - ve, mon beau traî - neau,
Quand je glis - se sur le cô - teau !

N.B. — *Ce morceau contient la gamme de « sol » majeur. Ceux qui désirent introduire les gammes à ce stage de l'enseignement peuvent mettre à la disposition de leurs élèves le cahier d'écriture musicale intitulé : "Peter's Blank Music Book" (larges interlignes).*

Papillons

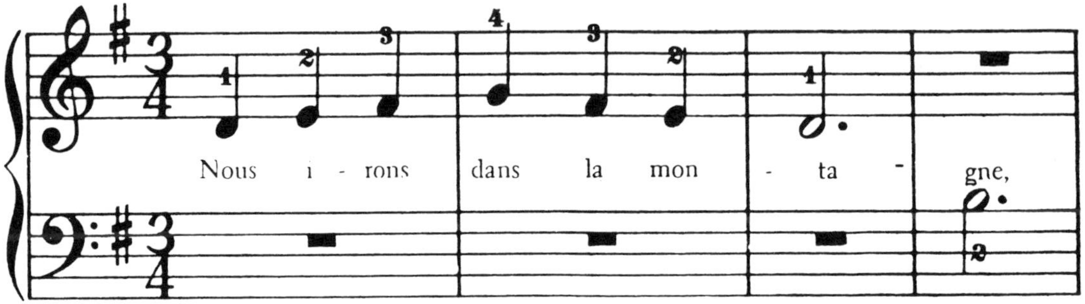

Nous i - rons dans la mon - ta - gne,

Cou - rons, grim pons. At - tra - per dans la cam - pa - gne,

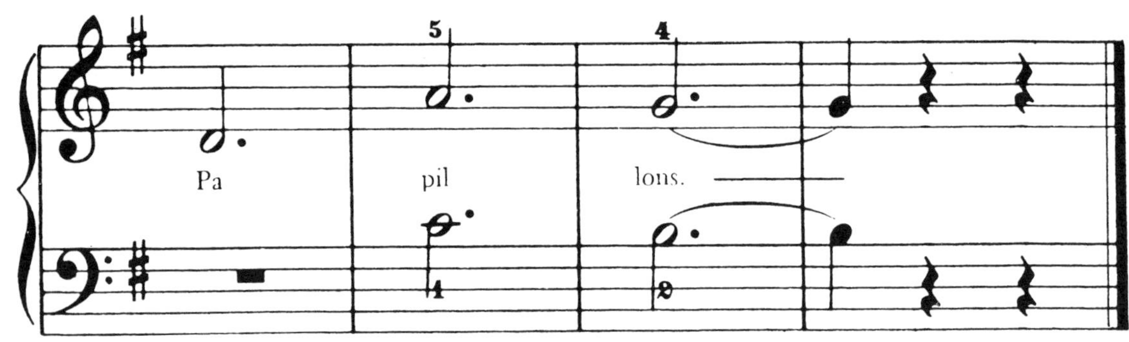
Pa pil lons.

LA LIAISON

La liaison est une ligne courbe qui unit deux notes de même son et qui indique que la seconde ne doit pas être frappée mais tenue pour sa pleine durée.

DO MOYEN
do re mi
C D E
C
do re mi
C D E
PRÉPARATION DE LA LEÇON
Trouvez, nommez et jouez le groupe de la main gauche puis le groupe de la main droite.
C D E
C D E
Groupe de la M. G.
Groupe de la M. D
Géant et Lutin
Lutin
« Gé - ant, com - me tu es grand ! »
Géant
Lu - tin, tu es un ma lin ! »

Do # (dièse)
C♯ (dièse)
Cherchez et jouez le "do" dièse moyen
Braves Écossais
Vieille mélodie écossaise
Sa - lue, cher en - fant tous les sol dats de ton pa - ys. Chan tons leurs ex-
ploits et leur a - mour de la pa trie, Ils tom-bent, mais, là - bas, ils se re-
lè - vent bra - ves gars. Vi-vent les E - cos - sais ! Vi - ve tou-jours la paix !

do
mi
sol
DO MOYEN
mi
sol
C E G C E G
Groupe de la M. G.
Passons 2 lignes
Groupe de la M. D.
Passons 2 espaces
Les petits soldats
Mar - chez au pas, Sol dats de bois. Mar - chez en rond, Vous, sol - dats de plomb.
Au gard' a vous ! Fu - sil en joue ! Tam - bour bat - tant ! Plan - plan - ra - ta - plan !

Bateaux à voiles
Je vois ces ba - teaux à voi - les
Sur les - eaux bleues de la mer
Vont - ils à la bell' é- toi le?
Ou au - tour de l'u - ni vers?

W. M. Co. 8234

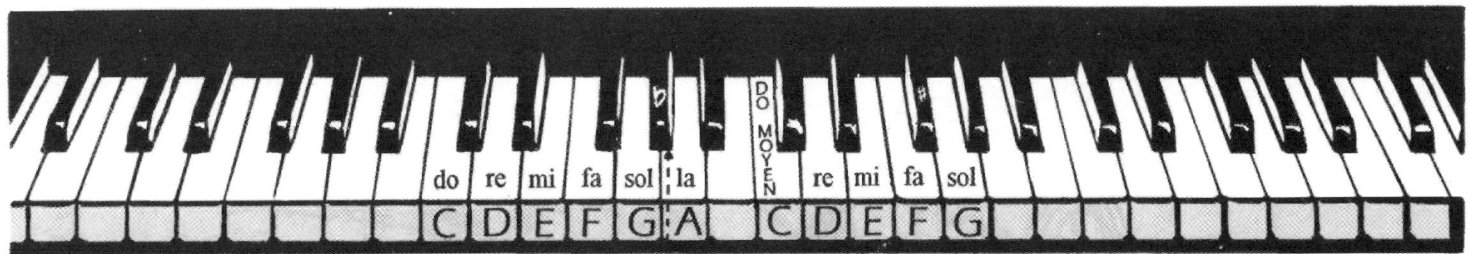
do
re
mi
fa
sol
la
DO MOYEN
re
mi
fa
sol
C D E F G A C D E F G

Ce signe ♭ est un bémol. Il signifie que l'on doit jouer la première touche noire à la gauche de la touche blanche « la » dans ce morceau.

Faites-nous la surprise de chercher et de jouer le *dièse*, le *bémol* et le *bécarre*

Ce signe ♮ est un bécarre. Quand vous le voyez placé en avant d'une note qui a été jouée sur une touche noire cette note devient naturelle, c'est-à-dire jouée sur une touche blanche.

Sur le Mississipi

Sur le Mis-sis - si - pi
Pas - sent les ba - teaux.
Ohé ! Ohé !
Ohé ! Ohé !
Ré - pè - te l'é
cho.

G. + D. H.
Comin' Round the Mountain
SECONDO
(Pour le professeur ou un élève quelque peu avancé)
Avec brio
sempre stacc.
Répétez ad lib.

Le si bémol à l'armure de la clef signifie que l'on doit jouer tous les « si » sur la touche noire à la gauche de la touche blanche « si ».

Comin' Round the Mountain

PRIMO

Avec brio
Chant montagnard du Sud
Répétez ad lib.
M-G
M-G

Vers les sommets

Es - ca - la - dons la mon - ta - gne.
M. G. croisée
L'air est bon.
En bas, vo - yez la cam - pa - gne. Pic ! Nous t'at - tein - drons !
M. G. croisée

W. M. Co. 8234

la si do mi sol si
A B C E G B
DO MO
Groupe de la M. G.
Groupe de la M. D.
"La" dièse est la première touche noire à la droite de "la".
Passons les 2 espaces "fa" et "la".
L'abeille
Bzz - Bzz - Bzz - Bzz . . . Bzz - Bzz - Bzz - Bzz . . . Va sur les fleurs.
Ne me pi - que pas, vi - lai - ne, j'ai grand peur !

Ce morceau commence sur un temps faible, le dernier de la mesure. Vous devez alors accentuer le premier temps après la barre de mesure. Les temps qui manquent dans la première mesure se retrouveront dans la dernière mesure du morceau.

A ma mie

Chant d'étudiants

3
4
3 2 1
2
Là - bas par les mers et les vil - les, Là-
1
2
3 5 3
3 2 1
2
3 2 1
bas mon cœur s'est en - vo - lé. Ma mie re - ve-
1 2 1
3
2
2 1
nez de ces î - les: Tous mes dé - sirs se - ront com blés.
1 2
3 5 3
2
1 2 1
G. + D. H.

8·· signifie : Jouez huit touches plus haut
Les vacances
Je sau - te, je dan - se, je cours aux champs ! Va - can - ces ! Quel mot mer - veil-
leux ! Nous i - rons aux bois pour cueil lir des glands. En-
fants, so vons heu reux !
8

Ma chère maison

SECONDO

Professeur ou élève quelque peu avancé

Lentement
et avec beaucoup d'expression

Complainte de l'Ouest

A
B
C
D
E
F
G
H

Ma chère maison
PRIMO
Lentement
et avec beaucoup d'expression
Complainte de l'Ouest
A B C D E F G H
J'ai-me ma mai-son A-vec son beau pi-gnon, Son toit, sa ver-te prai-rie, Où le gai so-leil qui pa-
raît si ver-meil; Ré-jou-it le cœur des pe-tits. Toi, chè-re mai-son Que
chan-te mon ac-cor-dé-on. Tou-jours j'ai-me-rai tes jar-dins et tes prés, Tes fleurs et tes pe-tits mou-tons.

Le jongleur

Je suis jon - gleur, re - gar - dez
M.G. croisée
M.G. croisée
Vo - yez la sur - pri - se ! Fai - tes - en au - tant !
Hop en l'air et hop en bas,
Mes - sieurs et Mes - da - mes Es - sa - vez donc ça !
M.G. croisée
M.G. croisée
M.D. croisée
H. + D. HAUMAN

do
mi fa
DO MOYEN
mi
sol
C E F G C E G
Ensemble
Jouez les deux notes ensemble
Groupe de la M. D.
Mi bémol est la première touche noire à la gauche du mi
D'un wigwam

Certificat de mérite

Nous, soussignés, certifions

que

. . . .

a complété avec succès

"NOS TOUT-PETITS AU PIANO"

et a obtenu sa promotion au

"PREMIER LIVRE" de John Thompson.

Professeur

Date ---